Marius Pletl
Como ganhar dinheiro com o Tik Tok

Marius Pletl

Como ganhar dinheiro com o Tik Tok

O guia

Este livro é protegido por direitos autorais!

Textos: © 2022 Copyright por Pletl

Desenho da capa e gráficos: © 2022 Copyright por Pletl

Impresso

Pletl

Augustusplatz 1-3

04109 Leipzig

Germany

Contato: feedback-book@hotmail.com

Isenção de responsabilidade

Este livro foi escrito para fornecer informação. Foram feitos todos os esforços para tornar este livro tão completo e preciso quanto possível. No entanto, pode haver erros na tipografia ou no conteúdo. Além disso, este livro contém apenas informação até à data da sua publicação. Por isso, este livro deve ser usado como um guia e não como a derradeira fonte. O objectivo deste livro é iluminar. O autor e a editora não garantem que a informação contida neste livro esteja completa e não aceitam qualquer responsabilidade por erros ou omissões. O autor e a editora não aceitam qualquer responsabilidade ou obrigação por qualquer perda ou dano causado ou alegado como tendo sido causado directa ou indirectamente por este livro.

Tabela de conteúdo

Introdução 7

    História da Tiktok 9

    Características e tendências do TikTok 12

Como ganhar dinheiro com Tiktok 17

    1. Expandir sua base de clientes e vender para eles 17

    2. Uma plataforma para publicidade: Tiktok é um site de mídia social... 19

    3. Criar conteúdo novo e interessante é crucial para o sucesso do seu site 20

    4. Iniciativas de marketing influentes devem ser gerenciadas 21

    5. Perfil único do TikTok: 22

    6. Escolha canções ou idéias populares: 24

    7. Faça um link para o seu canal no YouTube: 24

    8. Manter a consistência 25

    9. Torne seus vídeos mais visíveis 26

    10. Endosso de uma marca em particular 27

    11. Entenda o seu público alvo: 28

    12. Reconheça seus concorrentes 29

    13. O método de marketing TikTok 30

    14. Doações para suas transmissões ao vivo são aceitas ... 31

    15. Crie um plano para o seu site e comece a construí-lo ... 32

    16. TikTok permite que você venda seus próprios produtos ... 32

Introdução

Um serviço baseado na web que torna mais fácil a conexão com outros para redes sociais e de interesse é a rede social. Tais serviços fornecem espaços sociais eletrônicos ou sites de redes sociais projetados para promover conversação, colaboração e compartilhamento de conteúdo entre pessoas conectadas através de redes sociais. Os sites de redes sociais mais conhecidos (SNSs) incluem verdadeiros sites de redes sociais como o MySpace, Facebook e Tagged, assim como vários tipos de sites de interesse especial. Devido às suas capacidades de redes sociais, sites de compartilhamento de conteúdo e comunidades de mídia como o YouTube, TikTok e Flickr também são freqüentemente contados nesta categoria.
Com TikTok, um famoso programa de produção de curtas-metragens que se tornou cada vez mais popular nos últimos anos, você pode ganhar dinheiro online. Uma das principais razões para isso é o marketing influente. TikTok permite que as pessoas que têm a capacidade de persuadir outros a ganhar dinheiro simplesmente usando sua conta TikTok. Se você quiser usar este método de fazer dinheiro, você deve seguir os passos abaixo.

TikTok é um aplicativo de vídeo que permite aos usuários criar e compartilhar curtas-metragens. Entretanto, ao invés de pressionar ou passar de página em página como Snapchat ou Instagram Stories, você rola entre os vídeos rolando para cima e para baixo, semelhante a um feed.

Os fabricantes de vídeo têm uma variedade de ferramentas à sua disposição, incluindo filtros similares aos do Snapchat (e mais tarde em outras plataformas), a capacidade de procurar sons para usar como trilhas sonoras para seus vídeos, e muito mais.

Os usuários também são ativamente encorajados a interagir uns com os outros, seja através de vídeos de 'resposta' ou através do uso de 'duetos' que permitem aos usuários duplicar filmes e se incluir ao lado dos originais.

No TikTok, os hashtags desempenham um papel inesperadamente importante. Nos bons velhos tempos, o Twitter assumiu que seus usuários se reuniriam em torno de hashtags para participar de uma série interminável de mini-discussões frutíferas que apareceriam na plataforma.

No TikTok, hashtags são usados como um princípio de organização real e funcional: não para notícias de última hora ou para qualquer outra coisa que esteja quente em qualquer lugar, exceto no TikTok no momento, mas para diferentes "desafios", por exemplo, ou piadas, ou padrões de repetição, ou outros blocos de atividade identificáveis.

História da Tiktok

As pessoas costumavam enviar vídeos de sincronização labial para o Musical.ly, que mais tarde se tornou o TikTok. Em 2018, a empresa tecnológica chinesa ByteDance comprou o popular aplicativo de sincronização labial Musical.ly e o combinou com seu próprio aplicativo de sincronização labial Douyin. O resultado foi o TikTok, que estreou em agosto deste ano. O aplicativo foi baixado mais de um bilhão de vezes até setembro de 2018, ultrapassando o Facebook, Instagram, YouTube e SnapChat como o aplicativo mais popular para as instalações mensais.
TikTok é descrito pelos funcionários e usuários (60 por cento dos quais têm entre 16 e 24 anos nos EUA) como um ambiente colaborativo onde é mais fácil se tornar viral do que em outras plataformas de mídia social. O apelo do aplicativo é baseado na exibição contínua de filmes de 15 segundos com efeitos especiais extravagantes, vídeos de resposta de dança e hashtags populares como #ThatsMyType, #HeyGirl, #EGirls e #EBoys, que representam as muitas subculturas representadas

no aplicativo - não importa o quão estranho - incluindo o que Drea chama de "estranha fascinação com Peppa Pig". "

As interfaces de usuário do TikTok e do Douyin são quase idênticas, mas eles não têm acesso ao conteúdo um do outro. Cada um de seus servidores está localizado no mercado onde o respectivo aplicativo está disponível para download. Embora as duas ofertas sejam semelhantes na aparência, suas características não são idênticas. Douyin oferece uma função de busca in-video que permite aos usuários buscar mais vídeos de pessoas com base em seus rostos, assim como outros serviços como compras, reservas de hotéis e deixar comentários com georreferências. Devido à sua popularidade na Ásia Oriental, Sul da Ásia, Sudeste Asiático, Estados Unidos, Turquia e Rússia, a TikTok/Douyin ganhou rapidamente tração em muitas outras regiões do mundo desde sua estréia em 2016. De acordo com a empresa, a TikTok atingiu 2 bilhões de downloads de smartphones em todo o mundo em outubro de 2020.

Em maio de 2021, TikTok nomeou Shou Zi Chew como seu novo CEO, substituindo a CEO interina Vanessa Pappas, que assumiu o papel após a saída de Kevin A. Mayer em 27 de agosto de 2020. Em 3 de agosto de 2020, o presidente americano Donald Trump ameaçou a TikTok com uma proibição nos

Estados Unidos em 15 de setembro de 2020 se as negociações para adquirir a empresa pela Microsoft ou outra empresa "muito americana" falhassem. Em 6 de agosto, Trump assinou duas ordens executivas proibindo "transações" com TikTok e WeChat, assim como suas respectivas empresas-mãe ByteDance e Tencent, nos EUA. Os pedidos devem entrar em vigor 45 dias após sua emissão e se aplicam tanto ao TikTok quanto ao WeChat. Em 20 de setembro de 2020, uma corte federal adiou a proibição do recurso por uma semana, após o que a ordem foi suspensa por um juiz federal. Em junho de 2021, o Presidente Biden emitiu um novo pedido levantando a proibição. Devido a questões de privacidade, o aplicativo foi bloqueado pelo governo indiano desde junho de 2020, juntamente com outros 223 aplicativos chineses. Após acusações de vídeos "imorais" e "indecentes", o Paquistão baniu o TikTok em 9 de outubro de 2020, mas o governo reverteu sua decisão 10 dias depois. Uma corte paquistanesa impôs outra proibição TikTok em março de 2021 em resposta a reclamações sobre material "indecente".

Características e tendências do TikTok

O aplicativo para smartphone TikTok permite aos usuários fazer filmes curtos, geralmente acompanhados de música, que podem ser acelerados, desacelerados ou trocados com filtros. Eles também têm a opção de adicionar seu próprio som à música de fundo. Com o software, os usuários podem criar vídeos musicais escolhendo música de fundo de uma grande variedade de gêneros musicais, editá-lo com um filtro e gravar um vídeo de 15 segundos com mudanças de velocidade antes de carregá-lo no TikTok ou em outros sites de mídia social para compartilhar com seus seguidores. Eles também podem fazer pequenos vídeos lip-sync em músicas famosas para serem carregadas no YouTube.

Quando você for para a aba "For You" no TikTok, você verá um feed de vídeos que foram sugeridos a você com base na sua atividade no aplicativo. A inteligência artificial (IA) do TikTok gera sugestões em vídeo baseadas no conteúdo que os usuários gostaram, se envolveram ou pesquisaram. Os usuários também podem decidir se querem adicionar vídeos aos seus favoritos ou marcá-los como "não interessados" enquanto assistem aos vídeos em sua página. TikTok mistura o material que os usuários gostaram de criar sugestões de vídeo que outros usuários também gostariam. De acordo com as regras TikTok, os usuários e seu material só podem ser exibidos na página "Para Você" se tiverem 16 anos de idade ou mais. A página "Para você", a página de sons e todos os hashtags não mostram resultados para usuários com menos de dezesseis anos de idade.

O recurso "Reagir" do aplicativo permite que os usuários gravem sua reação a um determinado vídeo, que é então exibido acima do vídeo em uma pequena janela que pode ser movida em torno da tela. A função "Duet" permite aos usuários gravar um filme junto com outro vídeo e editá-lo ao mesmo tempo. A função "dueto" foi outra característica diferenciadora do musical.ly. Além disso, a função de dueto só pode ser usada se ambos os participantes tiverem ajustado suas configurações de privacidade para "privado". Além disso, a função de dueto só pode ser usada se ambos os participantes tiverem ajustado suas configurações de privacidade para "privado".

Os usuários podem salvar vídeos que eles não querem publicar imediatamente em sua pasta de "rascunhos". Os usuários têm a opção de ver e publicar seus "rascunhos" como acharem melhor. Os usuários têm a opção de tornar sua conta "privada" através do aplicativo. Quando um usuário faz o download do aplicativo pela primeira vez, a conta desse usuário é pública por padrão. Nas configurações, os usuários têm a opção de tornar suas informações privadas. O material privado ainda é acessível aos usuários TikTok que receberam permissão para vê-lo, mas é escondido dos usuários TikTok que não receberam permissão para vê-lo. Usuários individuais ou apenas seus "amigos" podem interagir com eles através do aplicativo, comentando, enviando mensagens e vídeos de "resposta" ou "dueto", dependendo de suas preferências. Os usuários também podem optar por fazer vídeos individuais 'públicos', 'apenas amigos' ou 'privados', independentemente de a conta ser privada ou não.

Os usuários também podem relatar conteúdo inapropriado, por exemplo, se ele contiver spam ou se for ofensivo de outra forma. Na seção "Para os Pais" do Centro de Ajuda TikTok, a empresa assegura aos pais que material impróprio para seus filhos pode ser bloqueado e reportado.

Quando os usuários seguem outros usuários, uma página "Siga" aparece à esquerda da página "Para Você", indicando que a pessoa está sendo seguida. Nesta página, os usuários só podem ver os vídeos das contas que eles seguem. A seção "salva" também pode conter filmes, hashtags, filtros e sons que os usuários tenham criado. Ao produzir um vídeo, os usuários podem voltar à sua parte previamente salva ou começar do zero com um novo filme. Ao contrário do resto do perfil, esta parte só é acessível para a pessoa que a criou. Ele

permite o acesso a qualquer vídeo, hashtag, filtro ou som previamente salvo.
O recurso de mensagens diretas também permite aos usuários enviar vídeos, emoticons e mensagens para seus amigos. TikTok também tem um recurso que permite aos usuários criar um vídeo baseado em seus comentários. Influenciadores são conhecidos por fazer uso extensivo do recurso "ao vivo". Este recurso está disponível apenas para pessoas que têm pelo menos 1.000 seguidores e têm mais de dezesseis (16 anos de idade). Se o usuário tiver mais de 18 anos, seus seguidores podem fazer "presentes" virtuais que podem então ser resgatados por dinheiro.
Uma das últimas adições, que estará disponível em 2020, é o elemento "Itens Virtuais" da função "Pequenos Gestos". Esta característica é baseada na tradição difundida de doação social na China. Desde o lançamento deste recurso, muitas empresas e marcas de cosméticos criaram contas TikTok para participar e promover este recurso. Como resultado da quarentena imposta nos Estados Unidos, a doação social ganhou popularidade. Como resultado do bloqueio, de acordo com um porta-voz da TikTok, a campanha criou "um senso de solidariedade e encorajamento com a comunidade TikTok durante estes tempos difíceis".

TikTok introduziu um "modo de segurança familiar" em fevereiro de 2020 que permite aos pais exercerem mais controle sobre o bem-estar digital de seus filhos na plataforma de mídia social. Há um recurso de controle de tempo na tela e um modo restrito que permite limitar mensagens diretas.

Como ganhar dinheiro com Tiktok

1. Expandir sua base de clientes e vender para eles

A maneira mais comum de ganhar dinheiro com o Tik Tok é construir contas e depois vendê-las. As contas TikTok podem ser compradas por uma variedade de razões, cada uma única à sua maneira. As duas razões mais comuns são comerciais e pessoais. Quando alguém escolhe vender sua conta TikTok pessoal, ele permite que o novo proprietário assuma a conta e mude o nome do expositor para o seu próprio nome. Com este método, os indivíduos podem mostrar quantos seguidores eles têm, ao mesmo tempo em que rapidamente entram em outros tópicos que lhes interessam. É mais fácil conseguir que as pessoas respondam às DMs (mensagens diretas) se você tiver um grande número de seguidores TikTok, já que as pessoas estão mais dispostas a se envolver em discussões com você se você tiver um grande número de seguidores.

A segunda motivação mais comum para vender uma conta Instagram é comercial. Os compradores que compram uma conta comercial são responsáveis por preencher o perfil do negócio com todas as suas informações pessoais e da empresa. Ser capaz de mostrar seus produtos ou serviços para pessoas que estão interessadas na mesma demografia que elas lhes dá uma vantagem sobre seus concorrentes. Para evitar confusão, ao vender sua conta TikTok, certifique-se de destacar a área de especialização que sua conta TikTok cobre.

Como a Instagram, você escolhe um nicho e depois produz material divertido, de preferência de conteúdo viral, para atrair o tipo de pessoas que seriam o cliente perfeito para seus produtos.

Já existem pessoas neste campo que criam perfis TikTok em torno de uma paixão específica que eles têm. Quando se trata de tópicos específicos, eles podem não ter nada a oferecer diretamente, mas eles abordam empresas neste campo e vendem seu perfil TikTok para eles, e é assim que os indivíduos realmente ganham dinheiro.

A boa notícia para as empresas de produtos é que é realmente muito fácil vender seus produtos aos clientes uma vez que eles tenham essa conta. O TikTok Live é uma das plataformas através das quais os indivíduos vendem suas mercadorias. Além do liveestreaming, eles também realizam leilões ou introduzem novos produtos durante o espetáculo.

E, claro, há sempre o link em sua biografia para encorajar seus seguidores a comprar seus produtos. Em outras palavras: Se você é uma daquelas pessoas que gosta de usar TikTok e quer construir uma audiência e comunidade em torno de um tópico em particular, vá em frente. Então alcance as empresas que querem acesso a esses seguidores e venda a sua conta.

2. Uma plataforma para publicidade: Tiktok é um site de mídia social.

Usar sua rede de anúncios é outra forma de ganhar dinheiro com TikTok além de suas próprias criações. Agora você pode procurar por "anúncios TikTok" e se inscrever para ter acesso à sua rede de anúncios, assim como os anúncios do Facebook e da Instagram.
O tráfego pago é bastante auto-explicativo se você já fez marketing online.
Se você assumir que seu público-alvo está ativo no TikTok, pode valer a pena produzir alguns anúncios e investir algum dinheiro em testes para ver o quão bem eles são recebidos lá.
Desta forma, você pode ser capaz de vender mais de seus produtos através da TikTok no futuro.

Cada país, não importa quão pequeno, faz esforços significativos para se tornar um influenciador social na Instagram, Twitter ou TikTok.

3. Criar conteúdo novo e interessante é crucial para o sucesso do seu site.

Isso também significa que há novos vídeos para assistir todos os dias. As pessoas vão querer assistir seus vídeos se você os projetar bem. O mesmo vale para os seus canais de mídia social: O conteúdo que você postar lá é tão bom quanto qualquer outra coisa na internet.

Criar conteúdo que aproveite a popularidade de TikTok e Reels é um fator chave de crescimento para artistas e empresas no momento. Pense no valor que você pode agregar ao seu público que se encaixa na sua área de especialização para obter os melhores resultados. Os vídeos que fazem os espectadores se sentirem inspirados, seja um tutorial passo a passo ou uma sugestão rápida de estilo, tendem a ter um melhor desempenho e, portanto, aparecem mais frequentemente na página do TikTok For You.

4. Iniciativas de marketing influentes devem ser gerenciadas.

A quarta maneira de ganhar dinheiro com TikTok é administrar programas influenciadores. Este não é um conceito novo. Já existem agências influenciadoras especializadas em gerenciar os influenciadores Instagram.
O mesmo princípio se aplica ao TikTok. Você pode atuar como intermediário entre um fabricante de TikTok e uma marca que quer trabalhar com aquele artista através do TikTok. Você pode cobrar uma taxa para gerenciar tais campanhas, que inclui tudo, desde a elaboração do acordo até o gerenciamento de ambas as partes e certificar-se de que todos os resultados sejam cumpridos - você é simplesmente um coordenador.

Quando se trata da inteligência da plataforma, TikTok está à frente da curva; eles já têm um programa de influência interna. Por exemplo, se eu for uma grande empresa e eu for à TikTok e disser: "Ei, é aqui que eu estou", com que influenciadores devo trabalhar? Isso é algo que eu sou capaz de fazer.
A única condição é que eu dê parte da receita à TikTok porque eu intermediei o negócio.
Como um serviço ou agência, você pode ajudar as empresas a economizar dinheiro negociando um

negócio fora do TikTok e facilitando o processo fora da plataforma do aplicativo.

5. Perfil único do TikTok:

Você precisa criar um perfil TikTok único para ser considerado. Há muito material no TikTok.
Se você quer se conectar com seu público em um nível mais profundo, você precisa de uma abordagem distinta.
Aproveite o fato de que nenhum outro influenciador TikTok tentou seu tema escolhido para seus vídeos.
A TikTok teve um ano muito produtivo em 2019. Mas mesmo que o seu material de vídeo não seja único, a maneira como você o apresenta pode levar ao sucesso.
As pessoas estão procurando por algo diferente do que estão acostumadas a ver em suas vidas diárias.
Se você oferecer algo que seja diferente da norma, é provável que as pessoas se dêem conta.
Faça um esforço para se manter atualizado com as últimas tendências em marketing influente para obter uma melhor compreensão do que os clientes estão procurando.

Um grande número de influenciadores com excelentes idéias criou alguns vídeos fantásticos que se tornaram virais.
Quer saber como fazer isso?
Vamos ver se conseguimos descobrir isso com a ajuda de alguns exemplos.
Khaby Lame é uma verdadeira história de sucesso online. Ele conseguiu passar da perda de seu emprego para a epidemia a se tornar uma celebridade altamente paga da internet.
Ele começou a usar o TikTok em março de 2020, durante a primeira rodada de lockdowns nacionais, e desde então acumulou mais de 100 milhões de seguidores na plataforma de mídia social.
Ativo líquido: entre 1 e 2 milhões de dólares
A TikTok tem 106 milhões de usuários.
A Instagram tem 36,8 milhões de usuários ativos.
Considere a possibilidade de produzir material que as pessoas apreciariam e apreciariam regularmente.
Quando você cria uma conta TikTok, seu objetivo deve ser conseguir o maior número possível de seguidores.

6. Escolha canções ou idéias populares:

Você tem que escolher músicas ou conceitos que são atualmente populares na internet.
Você pode sentir o humor da audiência navegando um pouco em sites populares de mídia social.

7. Faça um link para o seu canal no YouTube:

Você pode vincular sua conta TikTok ao seu canal no YouTube e à sua conta Instagram.
Isso ajuda você a aumentar o número de pessoas assistindo seus vídeos TikTok.
Para vincular seu canal do YouTube ao TikTok, você deve primeiro ir para a página de perfil do aplicativo, depois selecionar Editar Perfil e então tocar em Adicionar YouTube para completar o processo.
Para vincular sua conta Instagram, vá para a seção Editar Perfil e selecione Adicionar Instagram no menu suspenso.

8. Manter a consistência

Por favor, faça um esforço para manter consistente tanto o seu material de vídeo quanto as vezes que você o postar. Faça um cronograma para os seus uploads de vídeo e mantenha-se fiel a ele.
Desta forma, seu público sabe exatamente o que esperar e quando esperar. No início, você pode seguir o princípio de tentativa e erro e tentar coisas diferentes.
Entretanto, se um vídeo em particular tem mais gostos e ações, você deve ficar com material comparável.
É provável que seus seguidores comecem a amá-lo por um certo tipo de vídeo e visitarão seu perfil frequentemente quando for hora de postar um novo vídeo.

Coloque algo sobre sua vida diária, viagens ou outras atividades entre as atualizações programadas para criar um efeito surpresa.
Isto ajuda você a se conectar com seu público e quebrar a monotonia de repetir a mesma coisa repetidamente.

9. Torne seus vídeos mais visíveis

TikTok é um aplicativo de compartilhamento de vídeos, mas só porque você publica seus filmes lá, não significa que você alcançará uma grande audiência.

Sua conta TikTok deve ser promovida através de várias mídias sociais: Você deve incluir um link para o seu perfil TikTok no seu blog e nas páginas do seu Facebook e Instagram.

Você também deve enviar seus vídeos para o YouTube. Isto o ajudará a ter mais seguidores e o aproximará um passo para se tornar um Influenciador TikTok de sucesso. Promover o máximo possível.

Para manter o efeito surpresa, as estrelas acima postaram algo diferente de seus vídeos de sincronização labial usuais que fez delas uma estrela.

Você também pode participar de atividades interpromocionais. Usar o TikTok para direcionar sua audiência para suas outras contas de mídia social (YouTube, Instagram, etc.) é uma boa estratégia se você já tem um grande número de seguidores em outras plataformas.

10. Endosso de uma marca em particular

Quanto dinheiro os artistas TikTok podem esperar? Influenciadores que são conhecidos no TikTok podem ganhar entre US$500 e US$20.000 por vídeo através da promoção da marca e interação de seguidores.
Quanto maior a taxa de interação do público-alvo, maior a chance do anunciante converter esse público, de acordo com o estudo.
Sua conta TikTok pode ser capaz de gerar receita depois de acumular milhares de seguidores, portanto esteja atento às oportunidades para fazê-lo.
Você poderia abordar as empresas e propor a colaboração no desenvolvimento de um produto ou serviço.
Você tem a oportunidade de convencer as marcas por causa de sua influência.
Para convencê-los, você pode usar os comentários positivos de seus fãs ou a participação deles em transmissões de vídeo ao vivo em seu benefício.
Se você conseguir acumular um grande número de seguidores em um curto espaço de tempo, você pode ter certeza de que as empresas irão se aproximar de você.

11. Entenda o seu público alvo:

Você precisa entender seu público-alvo e criar vídeos com eles em mente.
Eles devem experimentar algo enquanto assistem aos filmes, seja um conselho útil ou apenas um bom momento para relaxar.
"Quem vai assistir meus vídeos?" você pode perguntar.
"Por que as pessoas assistiriam ao meu vídeo, de todas as coisas?"
"Que tipo de entretenimento devo oferecer"?
Para criar um vídeo único, é importante conhecer as respostas a estas perguntas. A maioria dos usuários de TikTok no mundo inteiro são homens (55,6 por cento) e mulheres (44,4 por cento).
Se olharmos mais de perto estes dados, veremos que este aplicativo é usado por mais jovens do que adultos e que os homens dominam esta faixa etária.
Outra estatística interessante é que este aplicativo é usado por mais homens na faixa dos 40 anos do que aqueles na faixa dos 30 e 50.
Confira os vídeos mais populares no TikTok para ter uma idéia do que é popular entre o público em geral antes de criar o seu próprio vídeo.

12. Reconheça seus concorrentes

Quer ganhar dinheiro com o TikTok?
Primeiro de tudo, você precisa determinar o quão fácil ou difícil será para você fazer isso, pesquisando seus concorrentes.
Uma vez que você tenha decidido que tipo de público você quer alcançar, você deve pesquisar todos os influenciadores que apelam para as pessoas de um grupo alvo similar ao seu.
Dê uma olhada nos vídeos deles.
Veja que tipo de material eles postam e quantos gostos e ações eles recebem por cada post. Você sempre pode fazer algo semelhante ao trabalho deles, ou tirar inspiração dele e fazer algo novo a partir dele.
Descubra o que está faltando, o que outros influenciadores não estão abordando. Se você procurar o elo que falta na cadeia e desenvolver seu conteúdo com isto em mente, você pode ser bem sucedido.
Por exemplo, se a maioria das pessoas são vídeos de sincronização labial e você quer fazer o mesmo, você pode escolher algumas músicas incomuns que são diferentes daquelas que já existem.

13. O método de marketing TikTok

Para cada imagem ou vídeo TikTok carregado, há um campo de legenda que você pode usar para explicar o conteúdo em mais detalhes.
Ao criar uma legenda, é importante usar hashtags relevantes para garantir que o post receba o máximo de atenção possível.
Para os posts do TikTok, há uma série de ferramentas que otimizam o conteúdo e sugerem hashtags. Mais tarde, Hashtagify e Hash Tracking são apenas alguns exemplos de empresas ou serviços associados com hashtags. Todas essas estratégias são ótimas para garantir que os títulos atraiam o maior número possível de novos seguidores.
Quando você carrega um vídeo TikTok, é também muito importante que você use legendas apropriadas.
Não esqueça de incluir uma opção "swipe-up" em seu vídeo TikTok para que os usuários sejam levados diretamente para uma página do Facebook ou perfil da empresa quando eles virem seu vídeo. Esta pode ser uma maneira fantástica para as empresas usarem sua conta Instagram para gerar vendas ou leads em um curto espaço de tempo.

14. Doações para suas transmissões ao vivo são aceitas.

Aceitar posts de seus seguidores/visitantes é uma das muitas maneiras de ganhar dinheiro no Tiktok, e é uma das mais populares.
Semelhante ao Twitch, seus telespectadores doam dinheiro para desfrutar de sua transmissão ao vivo....
Quando você vive no TikTok, você tem a opção de ligar o Live Gift para que você possa ser recompensado em tempo real e descontar seus prêmios via PayPal.
Há, no entanto, um pequeno senão.
Para compensar a falta de uma moeda física, a TikTok oferece uma gama de moedas em fichas que os espectadores devem comprar antes de presenteá-las aos seus influenciadores favoritos.
As moedas podem ser encontradas em Configurações >> Crédito >> Recarga.
O próximo passo é converter essas moedas em prêmios virtuais, que podem ser encontrados no site e vêm em uma variedade de variantes interessantes.
Há também diferenças em seu valor monetário e no número de moedas necessárias.

15. Crie um plano para o seu site e comece a construí-lo.

Desenvolva sua estratégia de negócios e projete seu website para parecer profissional em sua área. Se possível, o seu website deve ser profissional e atualizado ao mesmo tempo.
Afinal de contas, a indústria de marketing influente como um todo não é nada além de moderna. Também deve incluir informações sobre quais influenciadores você trabalha e o que você tem a oferecer a artistas e empresas. E, o mais importante, obtenha permissão formal para criar sua agência para proteger sua privacidade e seus direitos.

16. TikTok permite que você venda seus próprios produtos.

Bens e outras mercadorias podem ser vendidos na plataforma TikTok, que você pode usar para ganhar dinheiro através do seu canal.
Semelhante à construção de sua agência influenciadora, esta é outra estratégia de renda que se paga por si mesma.

Quando você oferece seus produtos no TikTok, você atinge um amplo público que, de acordo com a empresa, consiste principalmente da Geração Z e milenares.

Em conjunto, essas gerações têm um poder de compra de cerca de 150 bilhões de dólares somente nos EUA. Esta é uma enorme oportunidade que deve ser aproveitada. Primeiro de tudo, você precisa disponibilizar seus produtos para o maior número possível de clientes em potencial.

Uma maneira de fazer isso é com o TikTok's Hashtag Challenge Plus, que está disponível no aplicativo. Semelhante ao conteúdo gerado pelo usuário, a idéia é encorajar seu público a produzir e compartilhar material que mostre seu produto em suas contas de mídia social.

A única novidade é uma hashtag que permite aos clientes interessados comprar mercadorias diretamente da interface do aplicativo.

Se você tiver uma página de desembarque para compras, a TikTok criará uma para você que os clientes em potencial serão direcionados quando clicarem na hashtag. A hashtag também será exibida na página de descoberta, o que ajudará você a ganhar impulso adicional nas mídias sociais.

O Hashtag Challenge foi lançado pela Kroger, uma varejista americana, que foi a primeira empresa a participar.

Com a ajuda de quatro influenciadores, mais e mais usuários TikTok foram encorajados a postar vídeos da transformação de seus dormitórios em mídias sociais sob a hashtag #TransformUrDorm.
Como resultado da campanha, mais de 477 milhões de visualizações de vídeo foram geradas e centenas de milhares de composições de vídeo geradas por usuários.

Abaixo estão as razões pelas quais, como um comerciante Instagram, eu acredito que o TikTok é potencialmente mais poderoso do que o Instagram.
As histórias Instagram, na minha opinião, são comparáveis aos vídeos TikTok na medida em que expiram após 24 horas, mas são mais limitadas em seu alcance. É aqui que entra em jogo a popularidade do TikTok. Com TikTok, é similar ao YouTube: Se você postar um vídeo hoje, o algoritmo pode pegá-lo meses depois e empurrá-lo para a alimentação de pessoas que possam estar interessadas.
Como seus filmes não desaparecem, eles podem continuar a gerar uma quantidade significativa de tráfego e de olhos para você meses após serem postados no YouTube.
Pessoas com relativamente poucos seguidores no TikTok podem obter milhões de visualizações para

seus vídeos só por causa deste fator. Isto porque o algoritmo pega seu vídeo e o encaminha. Conseqüentemente, o algoritmo o distribui para aqueles que ele pensa que estarão interessados nas informações que ele espalha. E - olá - é uma sensação estranha acordar com milhões de pontos de vista, mas apenas um punhado de seguidores.

www.ingramcontent.com/pod-product-compliance
Lightning Source LLC
Chambersburg PA
CBHW070845220526
45466CB00002B/886